TODO DIA
faça algo para
SER FELIZ

AGIR

Direitos de edição da obra em língua portuguesa no Brasil adquiridos pela Agir, selo da Editora Nova Fronteira Participações S.A. Todos os direitos reservados. Nenhuma parte desta obra pode ser apropriada e estocada em sistema de banco de dados ou processo similar, em qualquer forma ou meio, seja eletrônico, de fotocópia, gravação etc., sem a permissão do detentor do copirraite.

Editora Nova Fronteira Participações S.A.
Rua Candelária, 60 — 7º andar — Centro — 20091-020
Rio de Janeiro — RJ — Brasil
Tel.: (21) 3882-8200

Dados Internacionais de Catalogação na Publicação (CIP)

T639t
    Todo dia faça algo para ser feliz: *Planner* com inspirações para uma vida organizada e próspera - 1. ed. - Rio de Janeiro: Agir, 2022.
    144 p. ; 15,5 x 23cm

    ISBN: 978-65-5837-129-8

    1. Aperfeiçoamento pessoal. I. Agir.

CDD: 158.1
CDU: 130.1

André Queiroz – CRB-4/2242

APRESENTAÇÃO

O nosso dia a dia está cada vez mais corrido, não é mesmo? Precisamos dar conta de tantas coisas ao mesmo tempo que muitas vezes nos vemos perdidos, sem saber o que fazer primeiro. Objetivos e metas não nos faltam, mas temos a sensação constante de que o tempo voa e os planos vão por água abaixo. E, a cada tarefa não realizada, sentimos aquela pontinha inevitável de frustração.

A boa notícia é que essa fase está com os dias contados! *Todo dia faça algo para ser feliz* é seu primeiro passo para a vida organizada e plena com que você tanto sonha. Aqui você encontrará ferramentas que vão auxiliá-lo em seu planejamento: lista de desejos do ano, controle financeiro, metas de leitura, roda da vida, visão geral do mês e espaço para as tarefas diárias. Além disso, o planner traz a cada nova semana frases incríveis de grandes escritores da literatura mundial para inspirar sua rotina.

Nunca é tarde para virar a chave e retomar o controle da sua vida. Como aqui não há datas definidas, é possível começar a planejar a qualquer momento do ano. Aproveite!

CALENDÁRIOS

2023

Janeiro
D S T Q Q S S
1 2 3 4 5 6 7
8 9 10 11 12 13 14
15 16 17 18 19 20 21
22 23 24 25 26 27 28
29 30 31

Fevereiro
D S T Q Q S S
          1 2 3 4
5 6 7 8 9 10 11
12 13 14 15 16 17 18
19 20 21 22 23 24 25
26 27 28

Março
D S T Q Q S S
       1 2 3 4
5 6 7 8 9 10 11
12 13 14 15 16 17 18
19 20 21 22 23 24 25
26 27 28 29 30 31

Abril
D S T Q Q S S
                   1
2 3 4 5 6 7 8
9 10 11 12 13 14 15
16 17 18 19 20 21 22
23 24 25 26 27 28 29
30

Maio
D S T Q Q S S
   1 2 3 4 5 6
7 8 9 10 11 12 13
14 15 16 17 18 19 20
21 22 23 24 25 26 27
28 29 30 31

Junho
D S T Q Q S S
               1 2 3
4 5 6 7 8 9 10
11 12 13 14 15 16 17
18 19 20 21 22 23 24
25 26 27 28 29 30

Julho
D S T Q Q S S
                     1
2 3 4 5 6 7 8
9 10 11 12 13 14 15
16 17 18 19 20 21 22
23 24 25 26 27 28 29
30 31

Agosto
D S T Q Q S S
      1 2 3 4 5
6 7 8 9 10 11 12
13 14 15 16 17 18 19
20 21 22 23 24 25 26
27 28 29 30 31

Setembro
D S T Q Q S S
                  1 2
3 4 5 6 7 8 9
10 11 12 13 14 15 16
17 18 19 20 21 22 23
24 25 26 27 28 29 30

Outubro
D S T Q Q S S
1 2 3 4 5 6 7
8 9 10 11 12 13 14
15 16 17 18 19 20 21
22 23 24 25 26 27 28
29 30 31

Novembro
D S T Q Q S S
      1 2 3 4
5 6 7 8 9 10 11
12 13 14 15 16 17 18
19 20 21 22 23 24 25
26 27 28 29 30

Dezembro
D S T Q Q S S
                 1 2
3 4 5 6 7 8 9
10 11 12 13 14 15 16
17 18 19 20 21 22 23
24 25 26 27 28 29 30
31

2024

Janeiro
D S T Q Q S S
   1 2 3 4 5 6
7 8 9 10 11 12 13
14 15 16 17 18 19 20
21 22 23 24 25 26 27
28 29 30 31

Fevereiro
D S T Q Q S S
             1 2 3
4 5 6 7 8 9 10
11 12 13 14 15 16 17
18 19 20 21 22 23 24
25 26 27 28 29

Março
D S T Q Q S S
                1 2
3 4 5 6 7 8 9
10 11 12 13 14 15 16
17 18 19 20 21 22 23
24 25 26 27 28 29 30
31

Abril
D S T Q Q S S
   1 2 3 4 5 6
7 8 9 10 11 12 13
14 15 16 17 18 19 20
21 22 23 24 25 26 27
28 29 30

Maio
D S T Q Q S S
         1 2 3 4
5 6 7 8 9 10 11
12 13 14 15 16 17 18
19 20 21 22 23 24 25
26 27 28 29 30 31

Junho
D S T Q Q S S
                     1
2 3 4 5 6 7 8
9 10 11 12 13 14 15
16 17 18 19 20 21 22
23 24 25 26 27 28 29
30

Julho
D S T Q Q S S
   1 2 3 4 5 6
7 8 9 10 11 12 13
14 15 16 17 18 19 20
21 22 23 24 25 26 27
28 29 30 31

Agosto
D S T Q Q S S
               1 2 3
4 5 6 7 8 9 10
11 12 13 14 15 16 17
18 19 20 21 22 23 24
25 26 27 28 29 30 31

Setembro
D S T Q Q S S
1 2 3 4 5 6 7
8 9 10 11 12 13 14
15 16 17 18 19 20 21
22 23 24 25 26 27 28
29 30

Outubro
D S T Q Q S S
         1 2 3 4 5
6 7 8 9 10 11 12
13 14 15 16 17 18 19
20 21 22 23 24 25 26
27 28 29 30 31

Novembro
D S T Q Q S S
                  1 2
3 4 5 6 7 8 9
10 11 12 13 14 15 16
17 18 19 20 21 22 23
24 25 26 27 28 29 30

Dezembro
D S T Q Q S S
1 2 3 4 5 6 7
8 9 10 11 12 13 14
15 16 17 18 19 20 21
22 23 24 25 26 27 28
29 30 31

O QUE EU QUERO QUE ACONTEÇA NO MEU ANO?

PLANEJAMENTO ANUAL

JANEIRO

FEVEREIRO

MARÇO

ABRIL

MAIO

JUNHO

JULHO

_____
_____
_____
_____
_____
_____

AGOSTO

_____
_____
_____
_____
_____
_____

SETEMBRO

_____
_____
_____
_____
_____
_____

OUTUBRO

_____
_____
_____
_____
_____
_____

NOVEMBRO

_____
_____
_____
_____
_____
_____

DEZEMBRO

_____
_____
_____
_____
_____
_____

MINHA VIDA LITERÁRIA EM LISTAS

LIVROS QUE VOU LER ESTE ANO

OBJETOS DE DESEJO

DESCOBERTAS QUE VÃO FURAR A FILA

LIVROS QUE AMEI

COMECEI A LER E NÃO CONSEGUI TERMINAR

INDICAÇÕES DE AMIGOS

EMPRESTEI E QUERO DE VOLTA

LISTA DE DESAPEGO

RODA DA VIDA

Como estão as principais áreas da sua vida?
Este gráfico simples ajuda você a visualizar o que está bom e o que precisa melhorar.
Faça sua autoavaliação e vá pintando os espaços correspondentes de acordo com a nota que quiser dar. Se determinada área estiver insatisfatória, pinte 1; se estiver maravilhosa, pinte os 1
Ao longo do tempo, reflita sobre as evoluções e acompanhe seu progresso!

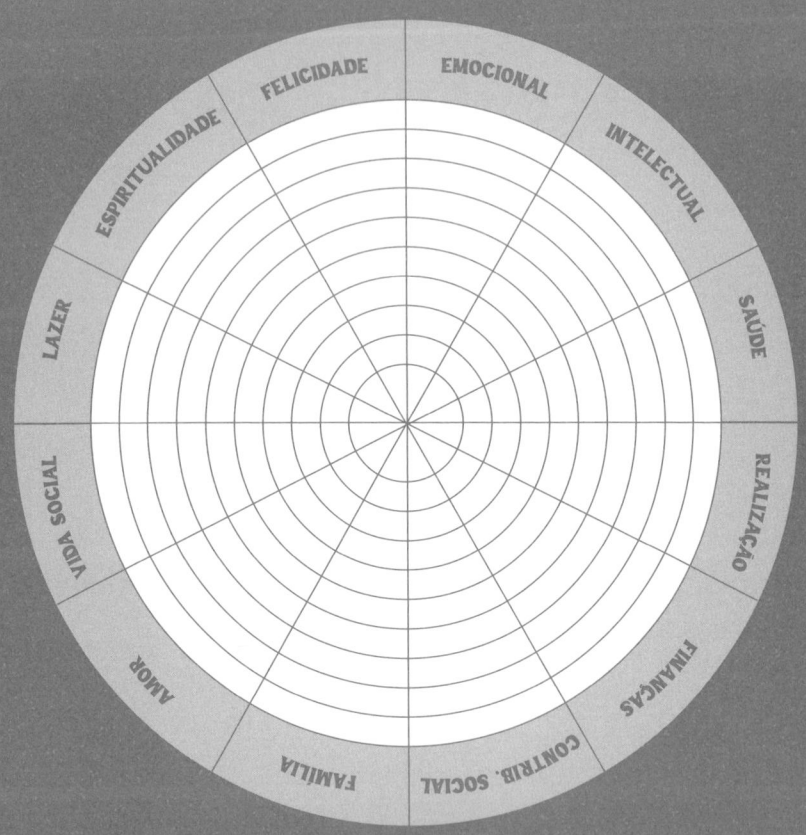

LAZER - Como você passa seu tempo: hobbies, descanso e diversão.
ESPIRITUALIDADE - Com o que você se conecta: crenças, religião, meditação.
FELICIDADE - Plenitude, motivação, satisfação, paz interior.
EMOCIONAL - Como está o equilíbrio das suas emoções.
INTELECTUAL - Como você tem exercitado a mente: vida acadêmica, livros.
SAÚDE - Como você tem se sentido física, mental e emocionalmente.
REALIZAÇÃO - O quanto você se sente realizado profissional, pessoal e afetivamente.
FINANÇAS - O balanço das contas pessoais, da casa e os planejamentos a longo prazo.
CONTRIBUIÇÃO SOCIAL - Como você faz sua parte no planeta: voluntariado, projetos sociais, doações.
FAMÍLIA - Como é a qualidade do seu relacionamento familiar.
AMOR - Como estão seus relacionamentos amorosos.
VIDA SOCIAL - Saídas, passeios culturais, afetos cultivados e experiências compartilhadas.

CONTROLE FINANCEIRO

QUE COMPREI?   **QUANDO VOU PAGAR?**

J F M A M J J A S O N D

MÊS

LEITURAS DO MÊS

ANOTAÇÕES

SEGUNDA-FEIRA **TERÇA-FEIRA** **QUARTA-FEIRA**

OBJETIVOS

QUINTA-FEIRA	SEXTA-FEIRA	SÁBADO	DOMINGO

MÊS

LEITURAS DO MÊS

ANOTAÇÕES

| SEGUNDA-FEIRA | TERÇA-FEIRA | QUARTA-FEIRA |

OBJETIVOS

QUINTA-FEIRA	SEXTA-FEIRA	SÁBADO	DOMINGO

MÊS

LEITURAS DO MÊS

ANOTAÇÕES | **SEGUNDA-FEIRA** | **TERÇA-FEIRA** | **QUARTA-FEIRA**

OBJETIVOS

QUINTA-FEIRA	SEXTA-FEIRA	SÁBADO	DOMINGO

MÊS

LEITURAS DO MÊS

ANOTAÇÕES

SEGUNDA-FEIRA **TERÇA-FEIRA** **QUARTA-FEIRA**

OBJETIVOS

QUINTA-FEIRA	SEXTA-FEIRA	SÁBADO	DOMINGO

MÊS

LEITURAS DO MÊS

ANOTAÇÕES | **SEGUNDA-FEIRA** | **TERÇA-FEIRA** | **QUARTA-FEIRA**

OBJETIVOS

QUINTA-FEIRA	SEXTA-FEIRA	SÁBADO	DOMINGO

MÊS

LEITURAS DO MÊS

ANOTAÇÕES

SEGUNDA-FEIRA **TERÇA-FEIRA** **QUARTA-FEIRA**

OBJETIVOS

QUINTA-FEIRA	SEXTA-FEIRA	SÁBADO	DOMINGO

MÊS

LEITURAS DO MÊS

ANOTAÇÕES

SEGUNDA-FEIRA **TERÇA-FEIRA** **QUARTA-FEIRA**

OBJETIVOS

QUINTA-FEIRA	SEXTA-FEIRA	SÁBADO	DOMINGO

MÊS

LEITURAS DO MÊS

ANOTAÇÕES

SEGUNDA-FEIRA   **TERÇA-FEIRA**   **QUARTA-FEIRA**

OBJETIVOS

QUINTA-FEIRA	SEXTA-FEIRA	SÁBADO	DOMINGO

| MÊS | LEITURAS DO MÊS |

ANOTAÇÕES | SEGUNDA-FEIRA | TERÇA-FEIRA | QUARTA-FEIRA

OBJETIVOS

QUINTA-FEIRA	SEXTA-FEIRA	SÁBADO	DOMINGO

MÊS	LEITURAS DO MÊS		
ANOTAÇÕES	**SEGUNDA-FEIRA**	**TERÇA-FEIRA**	**QUARTA-FEIRA**

OBJETIVOS

QUINTA-FEIRA	SEXTA-FEIRA	SÁBADO	DOMINGO

MÊS

LEITURAS DO MÊS

ANOTAÇÕES

| SEGUNDA-FEIRA | TERÇA-FEIRA | QUARTA-FEIRA |

OBJETIVOS

QUINTA-FEIRA	SEXTA-FEIRA	SÁBADO	DOMINGO

| MÊS | LEITURAS DO MÊS |

| ANOTAÇÕES | SEGUNDA-FEIRA | TERÇA-FEIRA | QUARTA-FEIRA |

OBJETIVOS

QUINTA-FEIRA	SEXTA-FEIRA	SÁBADO	DOMINGO

SEGUNDA-FEIRA ....

TERÇA-FEIRA ....

QUARTA-FEIRA ....

MÊS: ....

*Aos olhos atentos, cada momento do ano tem sua
própria beleza, uma imagem que nunca foi vista antes
e que nunca mais será vista novamente.*

— *Ralph Waldo Emerson*

QUINTA-FEIRA

SEXTA-FEIRA

SÁBADO

DOMINGO

MINHAS PRIORIDADES:

METAS DA SEMANA:

O QUE PODE MELHORAR:

SEGUNDA-FEIRA ....

TERÇA-FEIRA ....

QUARTA-FEIRA ....

MÊS: ....

*Para realizar grandes coisas, devemos não apenas agir,
mas também sonhar; não só planejar, mas também acreditar.*

— Anatole France

QUINTA-FEIRA

SEXTA-FEIRA

SÁBADO

DOMINGO

MINHAS PRIORIDADES: **METAS DA SEMANA:**   **O QUE PODE MELHORAR:**

SEGUNDA-FEIRA

TERÇA-FEIRA

QUARTA-FEIRA

MÊS:

Apressa-te a viver bem e pensa que cada dia é, por si só, uma vida.

— Sêneca

QUINTA-FEIRA

SEXTA-FEIRA

SÁBADO

DOMINGO

MINHAS PRIORIDADES:

METAS DA SEMANA:

O QUE PODE MELHORAR:

SEGUNDA-FEIRA

TERÇA-FEIRA

QUARTA-FEIRA

MÊS:

Sinto-me nascido a cada momento
Para a eterna novidade do Mundo...

— "O guardador de rebanhos",
Fernando Pessoa

QUINTA-FEIRA

SEXTA-FEIRA

SÁBADO **DOMINGO**

MINHAS PRIORIDADES: **METAS DA SEMANA:** **O QUE PODE MELHORAR:**

SEGUNDA-FEIRA

TERÇA-FEIRA

QUARTA-FEIRA

MÊS:

Sonhe sonhos elevados, e assim como você sonha, assim você se tornará.

— *Você é aquilo que pensa,*
James Allen

QUINTA-FEIRA

SEXTA-FEIRA

SÁBADO **DOMINGO**

MINHAS PRIORIDADES: **METAS DA SEMANA:** **O QUE PODE MELHORAR:**

SEGUNDA-FEIRA

TERÇA-FEIRA

QUARTA-FEIRA

MÊS:

Primeiro diga a si mesmo o que gostaria de ser e depois o que tem que fazer.
— Epíteto

QUINTA-FEIRA

SEXTA-FEIRA

SÁBADO

DOMINGO

MINHAS PRIORIDADES:

METAS DA SEMANA:

O QUE PODE MELHORAR:

SEGUNDA-FEIRA

TERÇA-FEIRA

QUARTA-FEIRA

MÊS:

Não há nada mais poderoso do que uma ideia cujo tempo chegou.

— Victor Hugo

QUINTA-FEIRA

SEXTA-FEIRA

SÁBADO　　　　　　　　　　　　　　　　　　**DOMINGO**

MINHAS PRIORIDADES:　　**METAS DA SEMANA:**　　**O QUE PODE MELHORAR:**

SEGUNDA-FEIRA

TERÇA-FEIRA

QUARTA-FEIRA

MÊS:

Todo êxito esconde uma abdicação.

— Memórias de uma moça bem-comportada,
Simone de Beauvoir

QUINTA-FEIRA

SEXTA-FEIRA

SÁBADO

DOMINGO

MINHAS PRIORIDADES:	METAS DA SEMANA:	O QUE PODE MELHORAR:

SEGUNDA-FEIRA

TERÇA-FEIRA

QUARTA-FEIRA

MÊS:

*A vida não é nunca justa.
E talvez seja bom para quase todos nós que não seja.*

— Um marido ideal,
Oscar Wilde

QUINTA-FEIRA

SEXTA-FEIRA

SÁBADO   **DOMINGO**

MINHAS PRIORIDADES: **METAS DA SEMANA:**   **O QUE PODE MELHORAR:**

SEGUNDA-FEIRA

TERÇA-FEIRA

QUARTA-FEIRA

MÊS:

*O destino, como todos os dramaturgos,
não anuncia as peripécias nem o desfecho.*

— *Dom Casmurro*,
Machado de Assis

QUINTA-FEIRA

SEXTA-FEIRA

SÁBADO

DOMINGO

MINHAS PRIORIDADES:

METAS DA SEMANA:

O QUE PODE MELHORAR:

SEGUNDA-FEIRA

TERÇA-FEIRA

QUARTA-FEIRA

MÊS:

É particularmente importante para aqueles que nunca mudam de opinião ter a certeza de julgar com justiça desde o início.

— *Orgulho e preconceito,*
Jane Austen

.... **QUINTA-FEIRA**

.... **SEXTA-FEIRA**

SÁBADO .... **DOMINGO**

MINHAS PRIORIDADES: **METAS DA SEMANA:**   **O QUE PODE MELHORAR:**

SEGUNDA-FEIRA

TERÇA-FEIRA

QUARTA-FEIRA

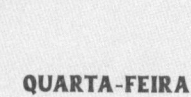

MÊS:

Se você disser a verdade, não precisará se lembrar de nada.

— Mark Twain

QUINTA-FEIRA

SEXTA-FEIRA

SÁBADO　　　　　　　　　　　　　　　　　DOMINGO

MINHAS PRIORIDADES:　　METAS DA SEMANA:　　O QUE PODE MELHORAR:

SEGUNDA-FEIRA

TERÇA-FEIRA

QUARTA-FEIRA

MÊS:

> Devemos saber abstrair, ponderar, cuidar, aproveitar, suportar cada coisa a seu tempo, sem nos inquietarmos com todo o restante.
>
> — *A arte de ser feliz*,
> Arthur Schopenhauer

QUINTA-FEIRA

SEXTA-FEIRA

SÁBADO   **DOMINGO**

MINHAS PRIORIDADES: **METAS DA SEMANA:**   **O QUE PODE MELHORAR:**

SEGUNDA-FEIRA

TERÇA-FEIRA

QUARTA-FEIRA

MÊS:

A perseverança é superior à violência, e muitas coisas que não podem ser superadas de imediato cedem quando enfrentadas pouco a pouco.

— Plutarco

QUINTA-FEIRA

SEXTA-FEIRA

SÁBADO

DOMINGO

MINHAS PRIORIDADES:

METAS DA SEMANA:

O QUE PODE MELHORAR:

SEGUNDA-FEIRA

TERÇA-FEIRA

QUARTA-FEIRA

MÊS:

*O otimista vê a rosa e não seus espinhos;
o pessimista fita os espinhos, alheio à rosa.*

— Khalil Gibran

QUINTA-FEIRA

SEXTA-FEIRA

SÁBADO

DOMINGO

MINHAS PRIORIDADES: **METAS DA SEMANA:**   **O QUE PODE MELHORAR:**

SEGUNDA-FEIRA ....

TERÇA-FEIRA ....

QUARTA-FEIRA ....

MÊS: ....

Se você quiser progredir, não tema parecer insensato e tolo em relação a coisas externas e jamais deseje parecer um perito.

— Epíteto

QUINTA-FEIRA

SEXTA-FEIRA

SÁBADO

DOMINGO

MINHAS PRIORIDADES:

METAS DA SEMANA:

O QUE PODE MELHORAR:

SEGUNDA-FEIRA ....

TERÇA-FEIRA ....

QUARTA-FEIRA ....

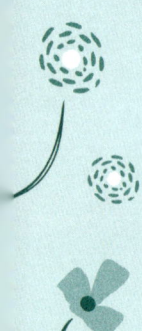

MÊS: ....

A sapiência é filha da experiência.

— *Histórias, aforismos e profecias,*
Leonardo Da Vinci

QUINTA-FEIRA

SEXTA-FEIRA

SÁBADO

DOMINGO

MINHAS PRIORIDADES:

METAS DA SEMANA:

O QUE PODE MELHORAR:

SEGUNDA-FEIRA ....

TERÇA-FEIRA ....

QUARTA-FEIRA ....

MÊS: ....

*O que as criaturas desejam é encorajamento.
Não se deve censurar sistematicamente os defeitos de alguém,
mas apelar para suas virtudes.*

— *Poliana*,
Eleanor H. Porter

QUINTA-FEIRA

SEXTA-FEIRA

SÁBADO

DOMINGO

MINHAS PRIORIDADES: **METAS DA SEMANA:**   **O QUE PODE MELHORAR:**

SEGUNDA-FEIRA

TERÇA-FEIRA

QUARTA-FEIRA

MÊS:

*Se alguém avança confiante na direção de seus sonhos
e se esforça para viver a vida que imaginou,
encontrará um sucesso inesperado nas horas comuns.*

— *Walden*,
Henry David Thoreau

QUINTA-FEIRA

SEXTA-FEIRA

SÁBADO

DOMINGO

MINHAS PRIORIDADES: **METAS DA SEMANA:**   **O QUE PODE MELHORAR:**

SEGUNDA-FEIRA ....

TERÇA-FEIRA ....

QUARTA-FEIRA ....

MÊS: ....

*O mundo parece ter sido algo que Deus
inventou para o Seu próprio prazer, não é?*

— *Anne de Green Gables*,
L.M. Montgomery

QUINTA-FEIRA

SEXTA-FEIRA

SÁBADO **DOMINGO**

MINHAS PRIORIDADES: **METAS DA SEMANA:** **O QUE PODE MELHORAR:**

SEGUNDA-FEIRA

TERÇA-FEIRA

QUARTA-FEIRA

MÊS:

*A verdadeira beleza é tão particular,
tão nova, que não é reconhecida como tal.*

— *Em busca do tempo perdido,*
Marcel Proust

QUINTA-FEIRA

SEXTA-FEIRA

SÁBADO　　　　　　　　　　　　　　　　　　**DOMINGO**

MINHAS PRIORIDADES:　　**METAS DA SEMANA:**　　**O QUE PODE MELHORAR:**

SEGUNDA-FEIRA

TERÇA-FEIRA

QUARTA-FEIRA

MÊS:

*As virtudes morais são o fundamento e a sustentação
da prosperidade, assim como são a alma da grandeza.*

— Os oito pilares da sabedoria,
James Allen

QUINTA-FEIRA

SEXTA-FEIRA

SÁBADO

DOMINGO

MINHAS PRIORIDADES: METAS DA SEMANA: O QUE PODE MELHORAR:

SEGUNDA-FEIRA

TERÇA-FEIRA

QUARTA-FEIRA

MÊS:

*Não te interesses sobre a quantidade,
mas sim sobre a qualidade dos teus amigos.*

— Sêneca

QUINTA-FEIRA

SEXTA-FEIRA

SÁBADO　　　　　　　　　　　　　　　　　　**DOMINGO**

MINHAS PRIORIDADES:　　**METAS DA SEMANA:**　　**O QUE PODE MELHORAR:**

SEGUNDA-FEIRA ....

TERÇA-FEIRA ....

QUARTA-FEIRA ....

MÊS: ....

A ninguém prejudique,
Ame muitos, porém confie em poucos.

— *Bom é o que acaba bem,*
William Shakespeare

QUINTA-FEIRA

SEXTA-FEIRA

SÁBADO   DOMINGO

MINHAS PRIORIDADES: **METAS DA SEMANA:**   **O QUE PODE MELHORAR:**

SEGUNDA-FEIRA

TERÇA-FEIRA

QUARTA-FEIRA

MÊS:

Aquele que quer viver em paz e à vontade não deve falar tudo o que sabe ou julgar tudo o que vê.

— Benjamin Franklin

_____ QUINTA-FEIRA

_____ SEXTA-FEIRA

SÁBADO .... DOMINGO

MINHAS PRIORIDADES: METAS DA SEMANA: O QUE PODE MELHORAR:

SEGUNDA-FEIRA

TERÇA-FEIRA

QUARTA-FEIRA

MÊS:

*É indispensável que eu saiba suportar duas
ou três lagartas para conhecer as borboletas.*

— *O Pequeno Príncipe*,
Antoine de Saint-Exupéry

QUINTA-FEIRA

SEXTA-FEIRA

SÁBADO   **DOMINGO**

MINHAS PRIORIDADES: **METAS DA SEMANA:**   **O QUE PODE MELHORAR:**

SEGUNDA-FEIRA

TERÇA-FEIRA

QUARTA-FEIRA

MÊS:

Muitos dos fracassos da vida são de pessoas que não perceberam o quão perto elas estavam do êxito quando desistiram.

— Thomas Edison

QUINTA-FEIRA

SEXTA-FEIRA

SÁBADO   **DOMINGO**

MINHAS PRIORIDADES: **METAS DA SEMANA:**   **O QUE PODE MELHORAR:**

SEGUNDA-FEIRA ....

TERÇA-FEIRA ....

QUARTA-FEIRA ....

MÊS: ....

Quando é óbvio que os objetivos não podem ser alcançados, não ajuste as metas, ajuste as etapas da ação.

— Confúcio

QUINTA-FEIRA

SEXTA-FEIRA

SÁBADO

DOMINGO

MINHAS PRIORIDADES:

METAS DA SEMANA:

O QUE PODE MELHORAR:

SEGUNDA-FEIRA

TERÇA-FEIRA

QUARTA-FEIRA

MÊS:

*Não é porque as coisas são difíceis que não ousamos,
é justamente porque não ousamos que elas são difíceis.*

— Sêneca

....QUINTA-FEIRA

....SEXTA-FEIRA

SÁBADO ....DOMINGO

MINHAS PRIORIDADES: **METAS DA SEMANA:** **O QUE PODE MELHORAR:**

SEGUNDA-FEIRA

TERÇA-FEIRA

QUARTA-FEIRA

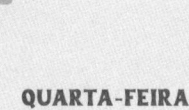

MÊS:

Todo pensamento, palavra e ato de sabedoria produz efeito no mundo em geral, pois estão repletos de grandeza.

— *Os oito pilares da sabedoria*,
James Allen

QUINTA-FEIRA

SEXTA-FEIRA

SÁBADO .... **DOMINGO**

MINHAS PRIORIDADES: **METAS DA SEMANA:**   **O QUE PODE MELHORAR:**

SEGUNDA-FEIRA

TERÇA-FEIRA

QUARTA-FEIRA

MÊS:

As amizades conquistadas por interesse, e não por grandeza e nobreza de caráter, são compradas, mas não se pode contar com elas no momento necessário.

— *O príncipe*,
Nicolau Maquiavel

QUINTA-FEIRA

SEXTA-FEIRA

SÁBADO

DOMINGO

MINHAS PRIORIDADES:

METAS DA SEMANA:

O QUE PODE MELHORAR:

SEGUNDA-FEIRA

TERÇA-FEIRA

QUARTA-FEIRA

MÊS:

Sobretudo sê fiel e verdadeiro
Contigo mesmo; e como a noite ao dia,
Seguir-se-á que a ninguém serás falso.

— *Hamlet*,
William Shakespeare

QUINTA-FEIRA

SEXTA-FEIRA

SÁBADO

DOMINGO

MINHAS PRIORIDADES:

METAS DA SEMANA:

O QUE PODE MELHORAR:

SEGUNDA-FEIRA

TERÇA-FEIRA

QUARTA-FEIRA

MÊS:

A verdadeira boa sorte é o que você faz para si mesmo.
Boa sorte: bom caráter, boas intenções, boas ações.

— Marco Aurélio

QUINTA-FEIRA

SEXTA-FEIRA

SÁBADO

DOMINGO

MINHAS PRIORIDADES:

METAS DA SEMANA:

O QUE PODE MELHORAR:

SEGUNDA-FEIRA

TERÇA-FEIRA

QUARTA-FEIRA

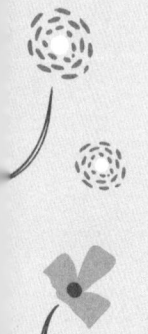

MÊS:

Crê em ti; mas nem sempre duvides dos outros.

— *Memórias póstumas de Brás Cubas*,
Machado de Assis

QUINTA-FEIRA

SEXTA-FEIRA

SÁBADO

DOMINGO

MINHAS PRIORIDADES:

METAS DA SEMANA:

O QUE PODE MELHORAR:

SEGUNDA-FEIRA ....

TERÇA-FEIRA ....

QUARTA-FEIRA ....

MÊS: ....

Compreendi que nunca poderei me esquecer de onde venho.
Minha alma sempre olhará para trás e se maravilhará com as montanhas
que escalei, os rios que atravessei e os desafios que ainda
me esperam pela estrada.

— *Carta a minha filha,*
Maya Angelou

QUINTA-FEIRA

SEXTA-FEIRA

SÁBADO

DOMINGO

MINHAS PRIORIDADES: METAS DA SEMANA: O QUE PODE MELHORAR:

SEGUNDA-FEIRA

TERÇA-FEIRA

QUARTA-FEIRA

MÊS:

*Uma pessoa pode ser orgulhosa sem ser vaidosa.
O orgulho se relaciona mais com a opinião que temos de nós mesmos,
a vaidade com o que desejaríamos que os outros pensassem de nós.*

— Orgulho e preconceito,
Jane Austen

QUINTA-FEIRA

SEXTA-FEIRA

SÁBADO

DOMINGO

MINHAS PRIORIDADES: **METAS DA SEMANA:** **O QUE PODE MELHORAR:**

SEGUNDA-FEIRA

TERÇA-FEIRA

QUARTA-FEIRA

MÊS:

> *A vida é bela, meu caro; tudo depende da cor do vidro através do qual ela é olhada.*
>
> —*A dama das camélias*,
> Alexandre Dumas Filho

QUINTA-FEIRA

SEXTA-FEIRA

SÁBADO

DOMINGO

MINHAS PRIORIDADES: **METAS DA SEMANA:**   **O QUE PODE MELHORAR:**

SEGUNDA-FEIRA

TERÇA-FEIRA

QUARTA-FEIRA

MÊS:

Nós somos o que repetidamente fazemos.
Excelência, então, não é um ato, mas um hábito.

— Aristóteles

QUINTA-FEIRA

SEXTA-FEIRA

SÁBADO　　　　　　　　　　　　　　　　　　**DOMINGO**

MINHAS PRIORIDADES:　　**METAS DA SEMANA:**　　**O QUE PODE MELHORAR:**

SEGUNDA-FEIRA ....

TERÇA-FEIRA ....

QUARTA-FEIRA ....

MÊS: ....

Cada um de nós tem, na existência, no mínimo uma grande aventura.
O segredo da vida é reeditar essa aventura sempre que seja possível.

— O retrato de Dorian Gray,
Oscar Wilde

QUINTA-FEIRA

SEXTA-FEIRA

SÁBADO   DOMINGO

MINHAS PRIORIDADES: METAS DA SEMANA: O QUE PODE MELHORAR:

SEGUNDA-FEIRA

TERÇA-FEIRA

QUARTA-FEIRA

MÊS:

Nunca se fez nada grande sem uma esperança exagerada.
— Julio Verne

QUINTA-FEIRA

SEXTA-FEIRA

SÁBADO

DOMINGO

MINHAS PRIORIDADES:

METAS DA SEMANA:

O QUE PODE MELHORAR:

SEGUNDA-FEIRA ....

TERÇA-FEIRA ....

QUARTA-FEIRA ....

MÊS: ....

A arte de viver consiste em tirar o maior bem do maior mal.

— *Iaiá Garcia*,
Machado de Assis

QUINTA-FEIRA

SEXTA-FEIRA

SÁBADO

DOMINGO

MINHAS PRIORIDADES: **METAS DA SEMANA:**   **O QUE PODE MELHORAR:**

SEGUNDA-FEIRA

TERÇA-FEIRA

QUARTA-FEIRA

MÊS:

De olhos fechados é como melhor se vê a alma.

— Os miseráveis,
Victor Hugo

QUINTA-FEIRA

SEXTA-FEIRA

SÁBADO

DOMINGO

MINHAS PRIORIDADES:

METAS DA SEMANA:

O QUE PODE MELHORAR:

SEGUNDA-FEIRA

TERÇA-FEIRA

QUARTA-FEIRA

MÊS:

Pense em coisas boas e lindas, e elas o suspendem no ar.

— *Peter Pan*,
J.M. Barrie

QUINTA-FEIRA

SEXTA-FEIRA

SÁBADO

DOMINGO

MINHAS PRIORIDADES: METAS DA SEMANA: O QUE PODE MELHORAR:

SEGUNDA-FEIRA

TERÇA-FEIRA

QUARTA-FEIRA

MÊS:

Pensamentos são sementes que, caindo no solo da mente, germinam e se desenvolvem até que atingem o estágio consumado, florescendo em ações boas ou más, brilhantes ou estúpidas, segundo sua natureza.

— Os oito pilares da sabedoria,
James Allen

QUINTA-FEIRA

SEXTA-FEIRA

SÁBADO **DOMINGO**

MINHAS PRIORIDADES: **METAS DA SEMANA:** **O QUE PODE MELHORAR:**

SEGUNDA-FEIRA

TERÇA-FEIRA

QUARTA-FEIRA

MÊS:

Não basta conquistar a sabedoria, é preciso usá-la.

— Cícero

QUINTA-FEIRA

SEXTA-FEIRA

SÁBADO

DOMINGO

MINHAS PRIORIDADES:

METAS DA SEMANA:

O QUE PODE MELHORAR:

SEGUNDA-FEIRA

TERÇA-FEIRA

QUARTA-FEIRA

MÊS:

*A verdadeira coragem consiste em enfrentar
o perigo mesmo que sinta medo.*

— *O mágico de Oz*,
Frank Baum

QUINTA-FEIRA

SEXTA-FEIRA

SÁBADO

DOMINGO

MINHAS PRIORIDADES:

METAS DA SEMANA:

O QUE PODE MELHORAR:

SEGUNDA-FEIRA

TERÇA-FEIRA

QUARTA-FEIRA

MÊS:

Tudo de que precisas é isto: certeza de julgamento no momento presente; ação para o bem comum no momento presente; e uma atitude de gratidão no momento presente por tudo que te ocorra.

— *Meditações*,
Marco Aurélio

QUINTA-FEIRA

SEXTA-FEIRA

SÁBADO

DOMINGO

MINHAS PRIORIDADES:

METAS DA SEMANA:

O QUE PODE MELHORAR:

SEGUNDA-FEIRA ....

TERÇA-FEIRA ....

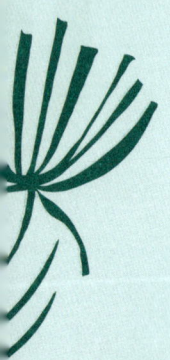

QUARTA-FEIRA ....

MÊS: ....

O futuro pertence a quem acredita na beleza dos seus sonhos.
— Eleanor Roosevelt

QUINTA-FEIRA

SEXTA-FEIRA

SÁBADO

DOMINGO

MINHAS PRIORIDADES:

METAS DA SEMANA:

O QUE PODE MELHORAR:

SEGUNDA-FEIRA ....

TERÇA-FEIRA ....

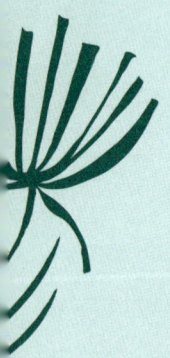

QUARTA-FEIRA ....

MÊS: ....

Que aquele que me guia em meu percurso
Me oriente agora.

— *Romeu e Julieta,*
William Shakespeare

QUINTA-FEIRA

SEXTA-FEIRA

SÁBADO

DOMINGO

MINHAS PRIORIDADES: **METAS DA SEMANA:**   **O QUE PODE MELHORAR:**

SEGUNDA-FEIRA

TERÇA-FEIRA

QUARTA-FEIRA

MÊS:

Vencerá aquele que sabe quando lutar e quando não lutar.
—*A arte da guerra,*
Sun Tzu

QUINTA-FEIRA

SEXTA-FEIRA

SÁBADO   **DOMINGO**

MINHAS PRIORIDADES: **METAS DA SEMANA:**   **O QUE PODE MELHORAR:**

SEGUNDA-FEIRA

TERÇA-FEIRA

QUARTA-FEIRA

MÊS:

*Nunca se canse de tentar e nunca pense
que é impossível vencer os seus defeitos.*

— *Mulherzinhas*,
Louisa May Alcott

QUINTA-FEIRA

SEXTA-FEIRA

SÁBADO   **DOMINGO**

MINHAS PRIORIDADES: **METAS DA SEMANA:**   **O QUE PODE MELHORAR:**

SEGUNDA-FEIRA

TERÇA-FEIRA

QUARTA-FEIRA

MÊS:

Valeu a pena? Tudo vale a pena
Se a alma não é pequena.

— "Mar português",
Fernando Pessoa

QUINTA-FEIRA

SEXTA-FEIRA

SÁBADO   **DOMINGO**

MINHAS PRIORIDADES: **METAS DA SEMANA:**   **O QUE PODE MELHORAR:**

O QUE DEU CERTO ESTE ANO:

O QUE NÃO DEVO REPETIR:

DESEJOS PARA O PRÓXIMO ANO:

ANOTAÇÕES

ANOTAÇÕES

Direção editorial
Daniele Cajueiro

Editora responsável
Ana Carla Sousa

Produção editorial
Adriana Torres
Júlia Ribeiro
Juliana Borel

Capa, projeto gráfico e diagramação
Larissa Fernandez Carvalho
Leticia Fernandez Carvalho

Este *planner* foi impresso em 2022
para a Agir.